KREATIVE WEGE ZUR ACHTSAMKEIT

Fantasie Reise

Liebe Leserin, lieber Leser,

Tagträumerei und Müßiggang gehören nicht unbedingt zu den großen Tugenden der Arbeitswelt und – ganz allgemein – des gesellschaftlichen Miteinanders. Wer mit dem Kopf in den Wolken hängt, hat laut geltender Meinung nichts zu tun oder nimmt seine Aufgaben nicht ernst. Faulenzen ist Vorschulkindern und älteren Menschen vorbehalten, die noch nichts oder nichts mehr mit der auf Effizienz und Produktivität ausgelegten Berufswirklichkeit zu tun haben.

Stress, Überlastung und Burn-out an Körper und Geist sind allzu oft die immer früher einsetzenden Folgen. Mehr und mehr Menschen suchen einen Ausweg aus dieser Alltagsfalle, möglicherweise auch Sie, die Sie dieses Buch in Händen halten. Vielleicht ist Achtsamkeit für Sie nur ein einzelner Schritt, vielleicht sind es aber auch zwei oder mehr. Doch selbst dann müssen Sie diese nicht hintereinander setzen, auch nicht neben- oder

übereinander, um ein Ziel zu erreichen. Achtsamkeit bedeutet nicht, voranzukommen, mit scharfem Blick und Verstand sich selbst und die Welt um sich herum wahrzunehmen. Achtsamkeit bedeutet manchmal einfach, zurückzugehen, zu warten, zu träumen. Achtsamkeit ist immer der richtige Weg, um zu sich selbst zu finden.

Da nur Sie wissen, welches Tempo und welche Richtung für Sie richtig sind, bietet Ihnen dieses Buch eine große Auswahl an Tipps, Übungen und Anstößen, an denen Sie sich orientieren können. Nehmen Sie mit, was Ihnen gefällt, und lassen Sie am Wegesrand liegen, was Ihnen unpassend erscheint. Begeben Sie sich auf eine Fantasiereise in Ihr Innerstes und stecken Sie Ihren Kopf lieber in die Wolken als in den Sand.

Den eigenen Ton finden

Stimme und Stimmung sind nicht nur sprachlich miteinander verwandt. Wenn wir traurig sind, senkt sich auch die Stimme, und in Augenblicken der Freude hebt sie sich. Sie ist schneidend oder heiter, überschlägt sich oder bricht, ist müde oder verstummt. Stress und Glück schlagen sich nicht nur in unseren Worten nieder, sondern auch in der Art und Weise, wie sie ausgesprochen werden.

Allerdings wirkt dieses Prinzip in beide Richtungen. Mit einer gesunden, kräftigen und ausdrucksvollen Stimme lässt sich auch unsere Stimmung beeinflussen. Dabei funktioniert die Stimme wie ein Muskel, der – wenn man ihn trainiert, sei es durch Sprechen oder Singen – stärker wird.

Nehmen Sie sich jeden Tag fünf Minuten, um Ihren natürlichen Ton zu finden. Suchen Sie sich einen ruhigen Ort. Das kann ein Raum oder der Wald sein. Stellen oder setzen Sie sich aufrecht hin und atmen Sie bewusst aus und ein. Spüren Sie, wie Ihr Körper mit jedem Ausatmen tiefer in den Boden sinkt. Atmen Sie nun tief ein und lassen Sie die Luft langsam auf ein lang gezogenes „Hmmm" entweichen. Es entspannt Stimmbänder und Seele.

VON BÄUMEN LERNEN

Sie sind wechselhaft und dennoch standhaft, grundverschieden und von individueller Schönheit. Ihre Wurzeln reichen tief in den Boden, ihre Wipfel ragen in den Himmel. Sie begnügen sich mit Wasser, Luft und Licht. Freunden und Fremden gleichermaßen spenden sie Schatten in der Hitze und Schutz im Regen. Sie biegen sich geschmeidig im Wind, und wenn sie im Sturm brechen, sprießt aus ihrem Stamm oft neues Grün. Sie wandeln sich im Rhythmus der Jahreszeiten, werfen uneitel ihr Blätterkleid ab, um sich im Frühjahr neu zu erfinden. Sie stemmen sich nicht gegen den Lauf der Dinge, wachsen mit der Zeit, werden im Alter knorrig und kahl und bleiben doch majestätisch und weise. Stehen sie alleine, krönen sie jeden Hügel, jede Wiese, jeden Platz. Aber auch in Gesellschaft mit anderen bleiben sie Könige unter Königen. Ein Baum steht über den Dingen und dennoch mittendrin. Mit jedem Jahr verändert sich sein Blickwinkel; sein Horizont wird weiter. Und auch wenn er nicht voranzukommen scheint, sieht er mehr von der Welt als so mancher, der von einem Ende zum anderen eilt. Denn er steht still da und beobachtet, wie sich die Welt um ihn herum bewegt.

SPIEGELBILDER

ir verbringen viel Zeit damit, anderen zu gefallen. Wir blicken in den Spiegel und betrachten uns mit allen Augen, nur nicht mit den eigenen: Haut, Haare und Kleidung, Aussprache, Gang und Gesten, Worte, Ansichten und Meinungen – alles muss makellos sein und in die Welt passen, in der wir uns bewegen, sei es auf der Arbeit, zu Hause oder auf einer Party. Doch Spiegel verzerren, verbiegen, vertauschen links und rechts. Fotos und Videos verändern unser Abbild durch Licht, Winkel und etliche andere Faktoren. Auf diese Weise sehen wir nie, wie wir wirklich sind. Und so ergeht es auch den Menschen, denen wir begegnen. Nur wir wissen, wie es in uns aussieht, und die Art, wie wir uns anziehen und herrichten, uns bewegen und geben, sollte ebendies widerspiegeln. Sonst sind wir nicht mehr als verzerrte Spiegelbilder.

Nun müssen Sie nicht alle Spiegel verhängen, sondern sich darüber klar werden, dass Ihr Bild immer durch die Augen anderer Menschen gebrochen wird. Jeder nimmt Sie anders wahr. Versuchen Sie nicht anderen zu gefallen, sondern sich selbst.

IN WOLKEN LESEN

Schauen Sie in den Himmel und staunen Sie, welche Bilder die Wolken malen und wieder verwischen. Dieser Zeitvertreib aus Kindertagen fasziniert uns auch noch als Erwachsene. Die Fähigkeit des Menschen, in vollkommen willkürlichen Strukturen und Mustern Gesichter oder vertraute Formen und Gegenstände zu erkennen, wird wissenschaftlich als Pareidolie bezeichnet.

Diese Anfälligkeit für Trugbilder ist neurologisch gesehen eine Schwäche, in jeder anderen Hinsicht jedoch geradezu Magie. Lassen Sie sich auf dieses Spiel ein und beschränken Sie sich nicht auf Wolkenformationen. In Holzmaserungen, Gesteinsstrukturen, Häuserfronten und an vielen weiteren Orten haben sich Formen und Figuren versteckt. Und wenn Sie sie einmal gefunden haben, bleiben die Enttarnten bei Ihnen, begleiten Sie, wohin auch immer Sie gehen, und zaubern wiederum ein Schmunzeln auf Ihr Gesicht.

Im Wasser treiben

Rinnsale, Bäche und Flüsse sind in ständiger Bewegung. Langsam, aber stetig und mit großer Macht verändern sie die Welt um sich herum. Sie durchschneiden, tragen ab, formen und bauen auf. Sie bieten Lebensraum und lassen ihre Ufer erblühen. Im Sturm oder durch Regenmassen außer sich, kehren sie schon nach Kurzem in ihre Betten zurück.

Teiche und Seen hingegen liegen still und unbewegt da, und nichts lässt erahnen, was sich unter der silbern glänzenden Oberfläche abspielt. Hier finden Tiere und Pflanzen eine Heimat, einen Rückzugsort, der sie in der größten Hitze kühl umfängt.

Ganz gleich, ob ein stiller, unergründlicher See, dessen Oberfläche sich nur durch einen hineingeworfenen Stein oder den Wind in Wellen legt, oder ein unermüdlicher Fluss, der kein Sandkorn auf dem anderen lässt – unter der Oberfläche sind alle Wasser und alle Menschen gleich. Hier ruht ihre Seele, still und ewig. Lauschen Sie Ihrem inneren Rauschen, indem Sie sich eine Muschel, die hohle Hand oder ein Glas ans Ohr legen. Schließen Sie die Augen und lassen Sie sich treiben.

So weit, so klein

Wenn alles zu viel wird, zu laut, zu groß, hilft manchmal ein Perspektivenwechsel, und zwar wortwörtlich. Gehen Sie auf Distanz zu den Dingen, bringen Sie Raum zwischen sich und die Welt. Klettern Sie auf einen Baum, steigen Sie einen Kirchturm hinauf, erklimmen Sie einen Hügel oder blicken Sie vom Dach eines Hauses auf all das herab, was Sie sonst überragt. Sehen Sie von hier oben die Straßen und Häuser ausgebreitet wie ein Miniaturenspiel. Beobachten Sie die Menschen und ihre Bewegungen wie auf einer Karte. Entdecken Sie, was sonst im großen Ganzen verborgen bleibt, all die Möglichkeiten und neuen Wege. Genießen Sie die Ruhe, atmen Sie die frische Luft tief ein und fühlen Sie sich frei wie ein Vogel.

Sollte Ihnen Höhenangst einen Strich durch die Rechnung machen, müssen Sie dennoch nicht auf die Erfahrung verzichten. Suchen Sie sich eine gesicherte Erhöhung (beispielsweise einen Aussichtsturm) und versuchen Sie jedes Mal, eine Stufe höher zu kommen. Bald schon werden Sie sogar auf Ihre Angst herabschauen.

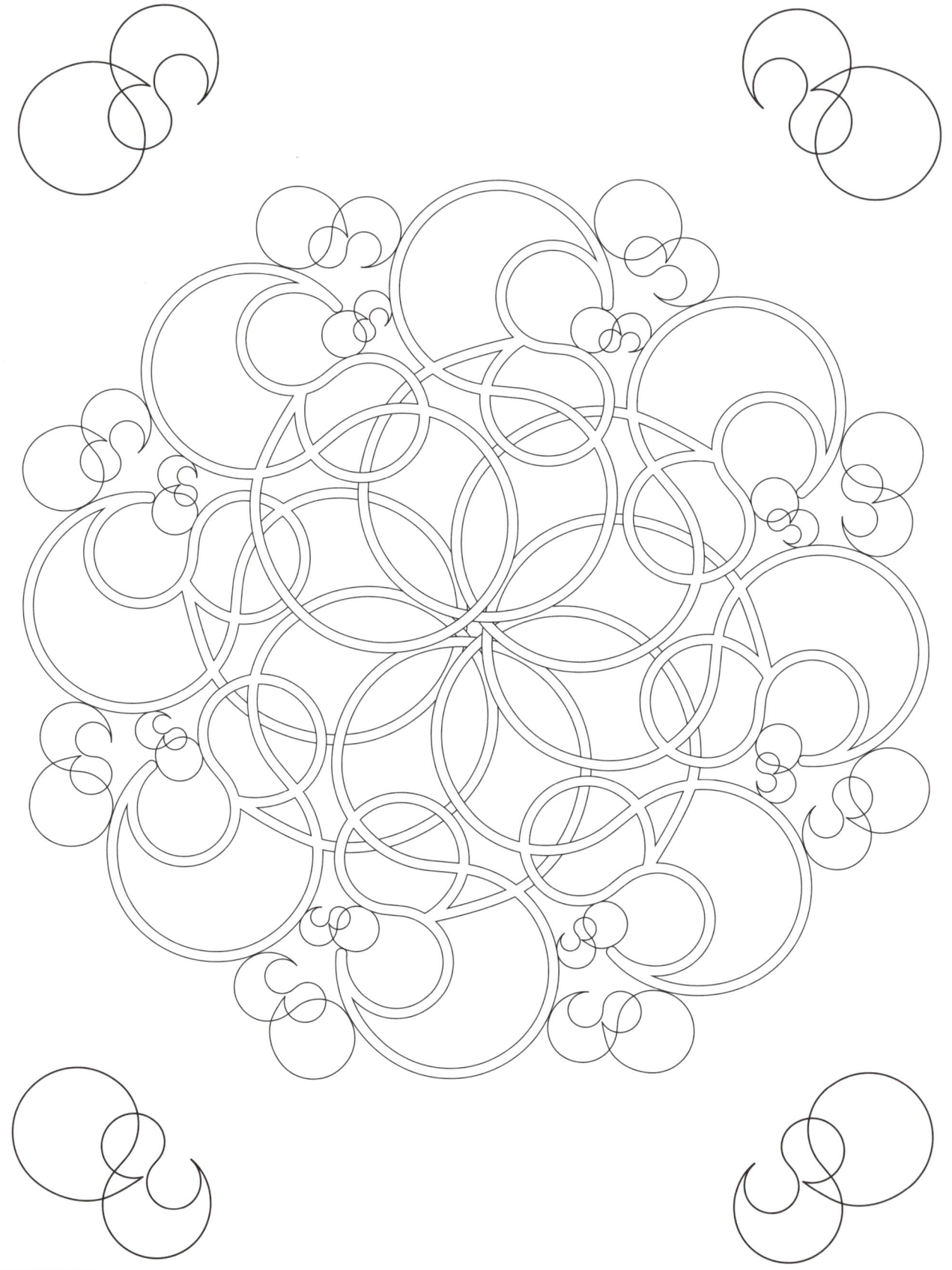

DAS GEHEIMNIS DES LABYRINTHS

Sie irren durch die Stadt, den Alltag, das Leben? Lassen Sie sich nicht zur Maus in einem Labyrinth machen. Legen Sie eine Leiter an und tanzen Sie über die Mauern. Treten Sie durch die Hecke und gehen Sie Ihren eigenen Weg oder, noch besser, gehen Sie ihn gemeinsam.

Es ist nicht immer der beste Weg, nach einer Lösung für ein Problem zu suchen, wenn damit unverhältnismäßige Anstrengungen und Entbehrungen verbunden sind. Manchmal hilft es, einen oder mehrere Schritte zurückzugehen und das Ganze zu betrachten. Vielleicht kann man es einfach umgehen und links liegen lassen. Oft aber ist der beste Rat, um Rat zu fragen, um Hilfe zu bitten. Vier Augen sehen mehr, vier Füße tragen weiter, zwei Stimmen sind lauter, und zwei Köpfe kommen auf andere Gedanken. Konkurrenz, Scham oder Eigensinn verhindern nur allzu oft, aus einem Irrgarten zu finden, wenn alles, was wir tun müssten, ist, nach dem Weg zu fragen.

Schlaf finden

* * * * * * * *

Schlaflosigkeit ist ein weitverbreitetes gesundheitliches Problem, zieht sich über Alters-, Länder- und Standesgrenzen. Konzentrationsschwäche, Kopfschmerzen und Antriebslosigkeit sind nur ein paar der unangenehmen Folgen. Medikamente schaffen nur selten dauerhaft Abhilfe und kommen oft mit unliebsamen Nebenwirkungen daher. Sie sollen den Körper zur Ruhe bringen, obwohl der Geist ruhelos ist.

Wenn es vor allem Sorgen und Ängste sind, die Sie wach halten, versuchen Sie vor dem Zubettgehen, eine kleine Routine zu etablieren: Essen Sie drei Stunden vor dem Schlafengehen nichts mehr; überhaupt sollte das Abendessen möglichst fettarm bzw. eiweißreich sein. Schalten Sie Fernseher, Computer und Smartphone spätestens eine halbe Stunde vor dem Schlafengehen aus. Leeren Sie Ihren Kopf, indem Sie alle Gedanken und Termine auf einen Zettel schreiben. Im Bett atmen Sie ein paarmal bewusst, langsam tief ein und aus. Spüren Sie, wie Ihr Kiefer sich entspannt, Ihre Brust sich löst und Ihr Bauch weicher wird. Versinken Sie in Ihrem Bett und tauchen Sie am Morgen erfrischt wieder auf.

GESUND UND MUNTER

Wie eine Reise beginnt, so endet sie. Beginnen Sie also den Tag in Ruhe und Gelassenheit. So schwer es auch erst einmal fällt, stehen Sie lieber fünf Minuten früher als notwendig auf und nutzen Sie diesen Vorsprung. Noch im Liegen strecken und rekeln Sie sich kräftig und genüsslich. Ihre Knochen, Gelenke und Sehnen werden es Ihnen danken. Atmen Sie tief aus und ein. Im Sitzen bewegen Sie behutsam Kiefer, Kopf und Schultern.

Einmal auf den Beinen, gönnen Sie sich etwas Schönes, sei es etwas zu essen, zu trinken oder Musik.

Es braucht nur eine Kleinigkeit zu sein, die Ihre Sinne anregt. Denken Sie nicht über kleine Sünden nach. Wenn Sie auf Kaffee oder etwas Süßes nicht verzichten wollen, dann ist der Morgen dafür die richtige Zeit, denn der Körper hat den ganzen Tag Zeit, die Inhaltsstoffe zu verstoffwechseln bzw. in Energie umzuwandeln. Im Idealfall bereichern natürlich Obst, Tee und Vollkornbrot Ihren Morgen. Doch es ist auch kein Beinbruch, wenn Sie zu dieser Zeit noch keinen Appetit haben oder Ihnen der Sinn nach etwas anderem steht. Tun und lassen Sie am Morgen, was immer Sie wollen.

Kleine Welten

Der Wald, der Park, die Wiesen am Fluss – hier finden wir Ruhe, Ausgleich und frische Luft. Hier verlieren wir Kalorien, Pfunde und so manche Sorgen. Und doch sind wir hier nicht achtsamer als in unseren Büros, S-Bahnen und Straßenschluchten. Achtlos gehen wir über all die kleinen Fabelwelten zu unseren Füßen hinweg: die Moosurwälder, Pilzschirmchen und Wurzelburgen, die Ameisenheere, Blättermeere und Grasteppiche. Bevölkern Kinder diese Zauberreiche noch mit Wichteln und Feen, mit Geheimnissen, Gefahren und Wundern, scheinen wir den Blick für das Märchenhafte im Alltag verloren zu haben.

Versuchen Sie auf Ihrem nächsten Spaziergang, keine Kilometer herunterzureißen, sondern so wenig Schritte wie möglich zu machen. Seien Sie leise, seien Sie behutsam und gehen Sie ganz nah heran. Legen Sie sich ins Gras und werden Sie klein, fallen Sie durch das Raster, durch das Netz und den doppelten Boden. Beobachten Sie die kleinen Welten zu Ihren Füßen, wie die Bäume uns und das Universum die Erde.

Berührungen

Es ist ein Paradoxon unserer Zeit: Mit wachsender Weltbevölkerung, immer größer und enger werdenden Städten und schwindendem Lebensraum pro Kopf scheint die Distanz zwischen uns zu wachsen. Ob Vorurteile infolge von Migration, Angst vor epidemischen Infektionskrankheiten oder der anhaltende Trend zur Individualisierung – wir gehen zunehmend auf Abstand, schotten uns ab, gehen in die persönliche Diaspora. Gemeinschaften werden kleiner, geschlossener, ausgrenzender.

Im Zeitalter von sozialen Netzwerken und Internetforen lösen virtuelle Begegnungen reale zunehmend ab und verhalten sich dabei wie die E-Mail zum handschriftlichen Brief. Der Inhalt mag derselbe sein, das Medium jedoch ist leer und steril. Im selben Maß wie Handschrift, Papier und Duft einen Brief bereichern, vervollständigen ein Handschlag, eine Umarmung oder ein Kuss erst das menschliche Miteinander. Wagen Sie Berührungen unter Fremden und Freunden, ganz gleich ob flüchtig oder intensiv. Denn diese Sprache ist universell.

Das Gedächtnis der Düfte

Mehr noch als mit Bildern verbindet unser Gehirn Erinnerungen mit Gerüchen. Das lackierte Holz Ihrer ersten Spielzeugeisenbahn, der frisch gemahlene Kaffee im Frühstücksbecher Ihrer Mutter, das alte Sofa Ihrer Großeltern, der Benzingeruch Ihres ersten Autos ... Versuchen Sie sich zu erinnern und notieren Sie all die Gerüche, die schöne Erinnerungen wecken.

....

....

....

....

....

....

....

....

....

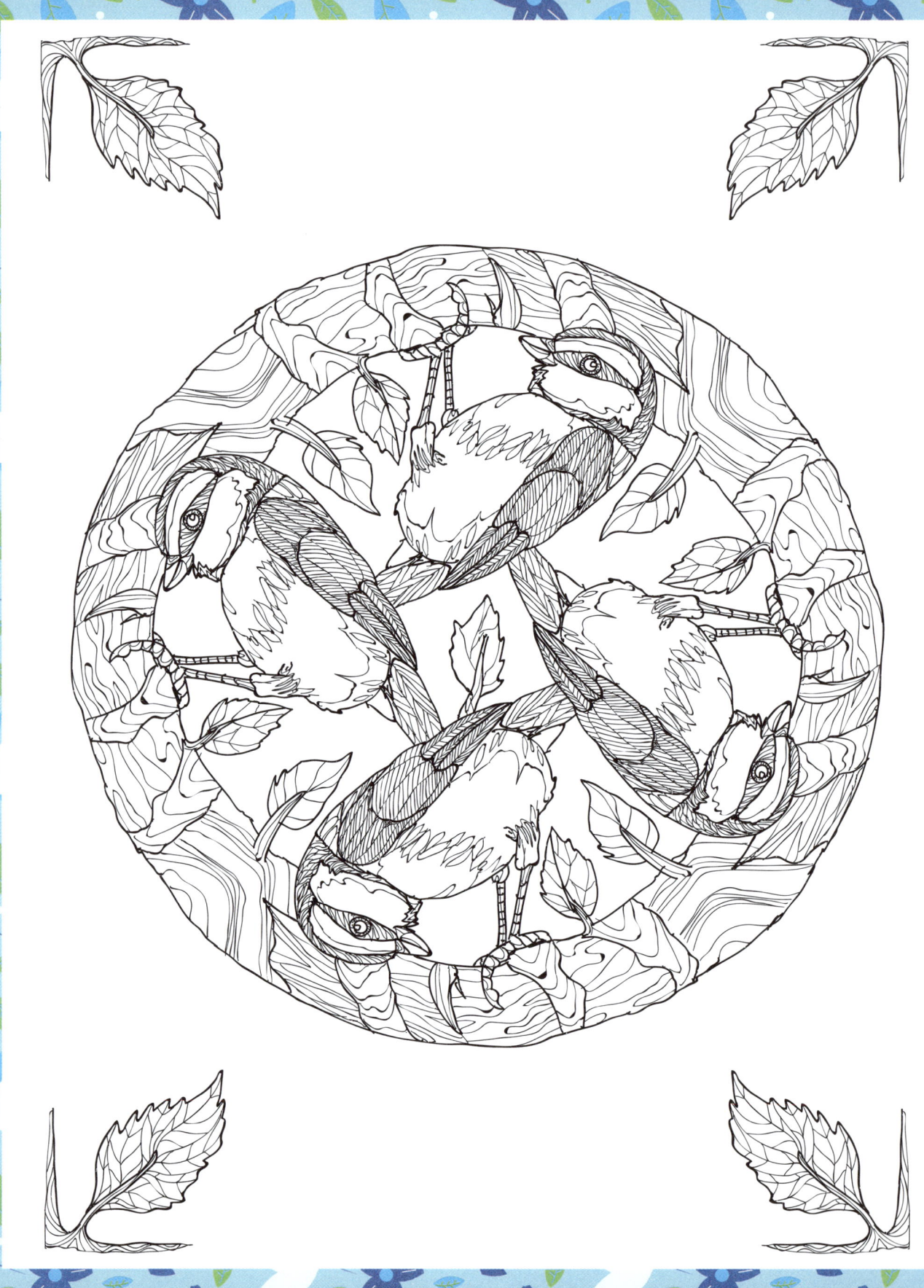

Vogelgesang

Straßenlärm, Handyklingeln und all der Lärm der modernen Welt lassen die Vögel verstummen. Wahrscheinlich werden wir sie erst vermissen, wenn ihre Lieder endgültig verklungen sind. Manche Vögel jedoch haben gelernt, fremde Klänge zu imitieren. Ganz grundsätzlich ist ihr Gesang eine einzigartige verhaltensbiologische Leistung.

Lauschen Sie gezielt, lassen Sie Ihre Ohren das Gezwitscher erkunden, erfühlen und ihm eine Zeit lang folgen, bis es nichts anderes mehr gibt. Hören Sie den Gesprächen mit geschlossenen Augen zu oder versuchen Sie, die Sänger zu entdecken. Es kann ein faszinierendes Hobby werden, die komplexen Gesänge und Strophen von Nachtigall, Amsel und all den anderen heimischen Singvögeln zu identifizieren und zu unterscheiden. Ziehen Sie Stimmbibliotheken zu Rate oder fertigen Sie Ihre eigene an. Es gehört zu den verbreiteten Irrtümern unserer Zeit, der Mensch allein sei zum Sprechen befähigt. Belehren Sie sich eines Besseren.

Der Flug
DES SCHMETTERLINGS

Das Leben eines Schmetterlings ist kurz, und dennoch scheint er nie den direkten Weg zu seinem Ziel zu nehmen. Er schweift ab, lässt sich ablenken von den vielen schönen Dingen um ihn herum. Ankommen wird er trotzdem.

Das Leben und die Arbeit lehren uns anderes. Hier sind Effizienz und Zielstrebigkeit gefragt. Doch dabei bleibt so vieles am Wegesrand ungesehen und ungenutzt: Schönes, Spannendes, Spielerisches. Halten Sie zwischendurch inne – auf einer Parkbank, einem Mauer-vorsprung – und betrachten Sie die Eile und Hektik um Sie herum. Betreten Sie auf Ihrem Weg durch die Stadt unbekannte Läden, kaufen Sie sich eine Leckerei, ein kleines Geschenk für sich oder andere. Blättern Sie in Buchhandlungen in Büchern, die Sie sonst nicht anrühren würden, lesen Sie eine Zeitschrift oder Zeitung. Beobachten Sie die Menschen, die wie auf Schienen durch ihr Leben gehen, und machen Sie sich davon frei. Seien Sie altmodisch, ineffizient, verspielt. Lassen Sie sich ablenken. Ankommen werden Sie trotzdem.

FREMDE ZUNGEN

Wie viele Sprachen sprechen Sie? Deutsch, Englisch, vielleicht noch ein paar Brocken Französisch, die Sie aus der Schulzeit gerettet haben? Vielleicht sind Sie auch mehrsprachig aufgewachsen, besonders talentiert oder fleißig, sodass es ein paar Sprachen mehr sind? Schließlich gibt es weltweit schätzungsweise 6500 Sprachen.

Wie viele Länder haben Sie in Ihrem Leben schon bereist? Eine Handvoll, ein Dutzend? Vielleicht reisen Sie viel – beruflich oder privat – und haben gefühlt die halbe Welt gesehen? Und doch, es gibt auf der Erde rund 200 Staaten und weit mehr Kulturen.

Die Zahlen sollen Sie weder verunsichern noch belehren, sondern ermutigen. Es gibt noch so viel zu entdecken und zu lernen. Sicher ist Reisen eine tolle Sache, und nirgends ist man einer Kultur näher als auf dem Grund und Boden, auf dem sie gelebt wird. Aber Reisen ist ein teures Vergnügen. Zur Seele einer Kultur vorzudringen, ist oft sehr viel einfacher und nicht weniger faszinierend, wenn man sich mit ihrer Sprache beschäftigt. Schnuppern Sie jedes Jahr in eine neue Sprache hinein, ohne den Zwang, diese lernen zu müssen. Ihre Zunge und Ihr Gehirn werden Freudensprünge machen.

Neuland

Gewohnheiten folgen einem Rhythmus, fühlen sich warm und behaglich an, zumindest die guten und harmlosen. Sie sind wie ein gemütlich eingerichtetes Wohnzimmer mit Sessel, Bücherregal und Süßigkeitenfach, in das man sich nach einem langen Arbeitstag setzt und noch nicht einmal wieder aufstehen will, wenn es Zeit zum Schlafengehen ist. Gewohnheiten machen zufrieden und fühlen sich sogar dann noch so an, wenn sie nicht mehr das sind, was sie mal waren.

Leider liegt genau dort das Problem: Gewohnheiten sind gut darin, sich unentbehrlich zu machen. Dabei machen manche von ihnen träge, unbeweglich und eigentlich auch gar keinen Spaß mehr.

Wagen Sie etwas Neues, das Ihre Gewohnheiten durchbricht, sei es ein zu scharfes Gericht, ein zu gruseliger Film, ein untypisches Wort oder ein gewagtes Kleidungsstück. Reizen Sie Ihre Sinne! Das Schlimmste, was passieren kann, ist der Verlust angestaubter Gewohnheiten und das Beste die Entdeckung einer neuen.

Erlernte Ängste

Die anmutige Schönheit von Schlangen, der Nutzen insektenfangender Spinnen, die Überlebenskunst von Mäusen und all die Einzigartigkeiten im Tierreich sind oft nicht unsere ersten Gedanken beim Anblick bestimmter Arten und Exemplare. Ängste, Vorurteile und Irrationalität lenken unsere Wahrnehmung und Beurteilung, unsere Empfindungen und Denkweisen, die in den seltensten Fällen auf Erfahrung beruhen, sondern durch Eltern, Freunde, Schulunterricht und Medien vermittelt wurden. Gerade gesellschaftliche und geschlechterbezogene Klischees – wie die Frau, die beim Anblick einer Maus kreischend auf einen Stuhl springt – werden nicht immer bewusst vermittelt, sondern haben sich verselbstständigt.

Die Angst vor dem Unbekannten, dem anderen, lähmt uns. Machen Sie sich frei davon. Seien Sie achtsam im Umgang mit Fremden, ob nun Tier oder Mensch. Seien Sie sich Ihrer Gefühle bewusst. Natürlich sind vor allem Ängste tief verwurzelt in unserem Selbst, ganz gleich, woher diese stammen, aber sie können überwunden werden, durch Begegnung, Toleranz und Geduld.

Mit den Händen

Vieles ist heute körperlos und ungegenständlich, virtuell und digital. Allein unsere Kommunikation beschränkt sich oft auf E-Mail, Kurznachrichten oder Chatfenster. Führen Sie sich vor Augen, dass jede Information, die Sie übermitteln, nicht mehr als elektronisch codierte Einsen und Nullen ist. Unvorstellbar kurzlebig, vergänglich, nichtig, trudelnd und untergehend in einem Meer aus Bytes.

Oft ist es bequem, einfach, schnell und durchaus ausreichend. Aber manche Dinge und Worte sollten Bestand haben, müssen berührt und erinnert werden können. Dies ist kein Plädoyer für handschriftliche Briefe mit parfümiertem Papier und Tränenflecken, für krumm und schief gebastelte Geschenke aus Holzresten und Tonpapier oder krakelige Wachsmalbilder, die jedes Kindergartenkind besser anfertigen kann. Nein, dies ist der Wunsch, es doch noch einmal zu versuchen: das Schreiben mit der Hand, das Basteln, Malen und Werkeln mit zehn Fingern und einem ganzen Herzen.

NEUE WEGE

Das sonderbare Gefühl, in der Tretmühle des Alltags gefangen zu sein, hat seine Ursache zum Teil in den immer gleichen Abläufen – und zwar wortwörtlich. Gut, Sie werden nicht immer dieselben Wege zu Fuß ablaufen, sondern das Auto, das Fahrrad oder öffentliche Verkehrsmittel in Anspruch nehmen, aber die Wege bleiben dieselben.

Asphalt, Fassaden und auch Gesichter haben die Angewohnheit, sich nur sehr langsam zu wandeln. Selbst der schönste Anblick wird irgendwann alltäglich oder gar langweilig. Was sich wie eine lieb gewonnene Routine anfühlt, verkommt unmerklich zum ewig gleichen Trott. Deshalb brechen Sie aus, nehmen Sie andere Wege zur Arbeit oder zum Einkauf, selbst wenn es ein Umweg ist. Lassen Sie sich vom bislang gemiedenen Kopfsteinpflaster durchrütteln, von der unheimlichen Parkanlage zu schnelleren Schritten anspornen, vom Duft aus dem neu entdeckten Café verführen. Sie werden staunen, was Sie dabei entdecken – um Sie herum und an sich selbst.

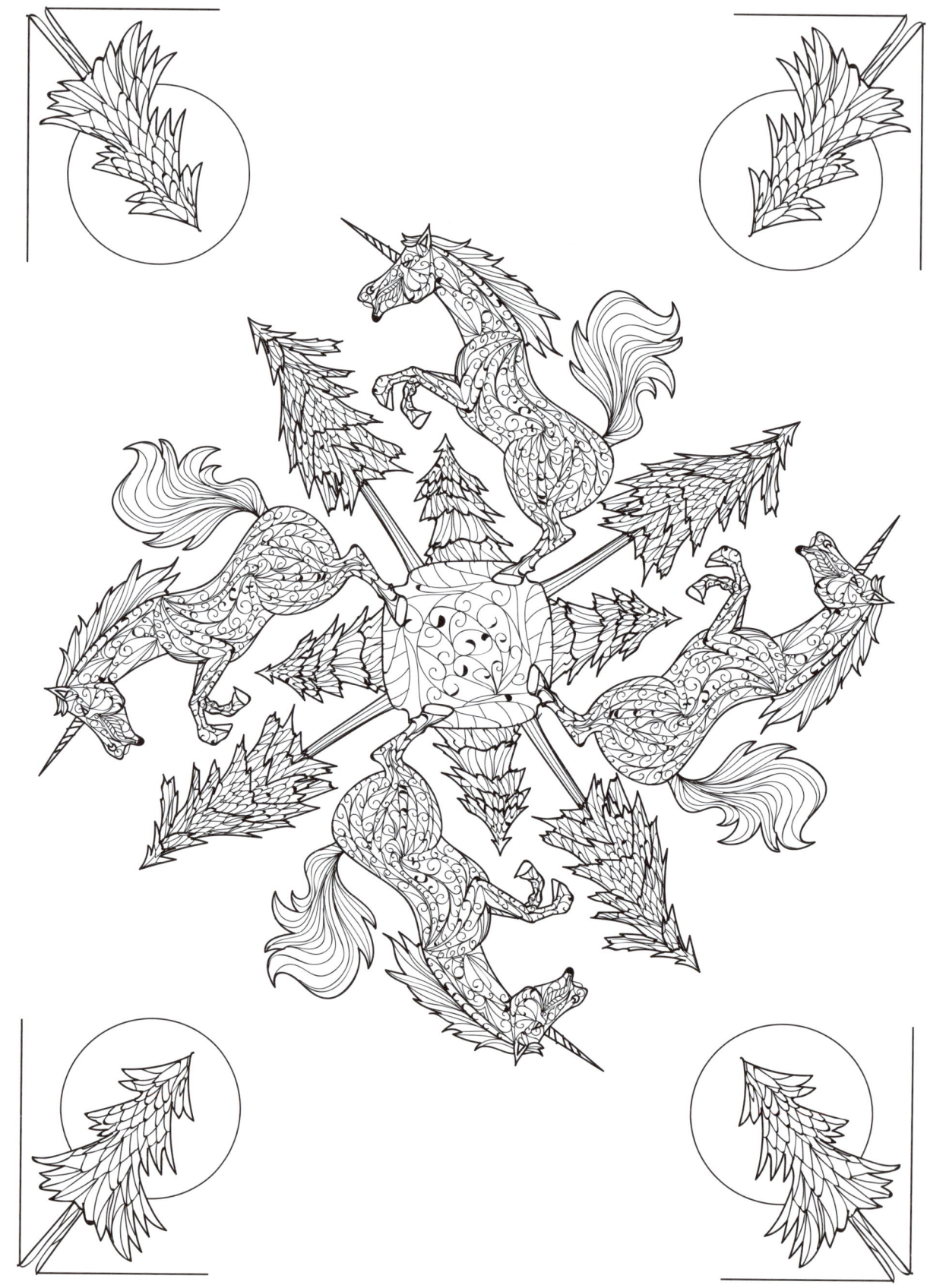

FABELWESEN

Geschichten über wundersame Geschöpfe, Vorkommnisse und Orte sind so alt wie die Sprache des Menschen selbst. Götter und Teufel, Riesen und Drachen, schlafende Prinzessinnen und sprechende Tiere, verwunschene Schlösser und finstere Wälder, Irrfahrten, Kämpfe und Zauberei – Mythen, Märchen und Sagen aller Kulturen quellen über vor Ideenreichtum und liefern einen unerschöpflichen Fundus für alle Genres von Fantasy bis Science-Fiction.

Zuweilen verrufen als Kinderkram oder Eskapismus, sind „fantastische" Bücher und Hörspiele, Filme und Gesellschaftsspiele wunderbare Wege aus den Zwängen des Alltags. Denn selbst moderne Stoffe voller Elfen, Orks und Zwerge haben alte, tiefe Wurzeln und reichen zurück in vergangene Jahrhunderte und Jahrtausende, als die Menschen versuchten, sich die Welt zu erklären. Sie lösten die Rätsel ihrer Zeit mit Magie und Wundern. Vielleicht irrten sie sich hier und da, aber auf jeden Fall gingen sie ihren Gefühlen und Wahrnehmungen nach. Sie waren achtsam. Tauchen Sie ein in diese Welten, gehen Sie auf die Reise, kehren Sie verzaubert und gewappnet zurück.

HERREN DER ZEIT

Zeitmangel gehört zu den Geißeln des modernen Alltags. Für kaum etwas finden wir noch Zeit und Gelegenheit, ganz gleich, ob im Arbeitsleben, im Haushalt oder in der Freizeit. Vieles bleibt halb fertig, unbefriedigend oder gleich ganz unerledigt.

Natürlich gibt es Tage oder ganze Lebensabschnitte, in denen uns alles über den Kopf wächst, weil es tatsächlich zu viel ist. Dann heißt es, zu filtern, abzuwägen und auszusieben, was wirklich zählt. Meistens jedoch liegt das Problem nicht in der Menge der anstehenden Aufgaben, sondern in unserer Herangehensweise. Entweder wir gehen mehrere Dinge gleichzeitig an oder sind mit den Gedanken schon ganz woanders, noch bevor wir eine Herausforderung gemeistert haben, sei es in der Hausarbeit oder im Job.

Paradoxerweise scheinen umso mehr Stunden in den Tag zu passen, je mehr Zeit wir ausschließlich einer Sache widmen – und zwar mit Leidenschaft und Muße oder wenigstens mit Konsequenz.

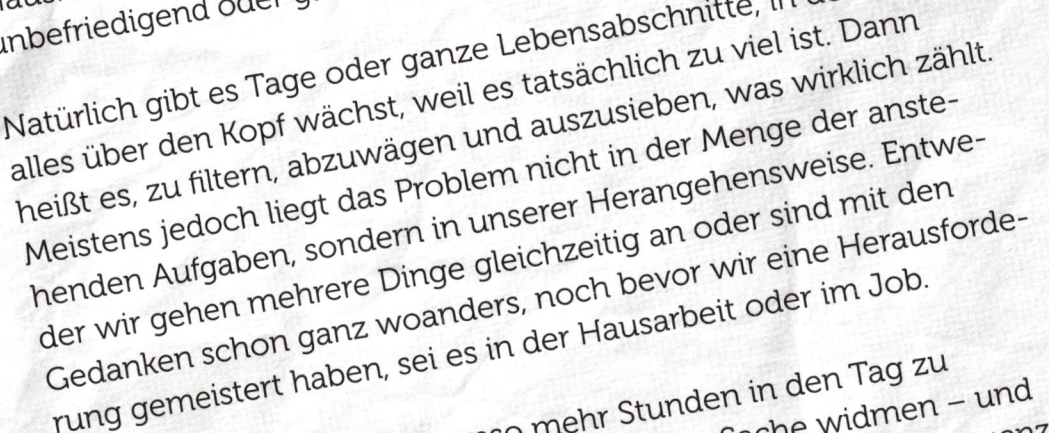

Sparstrumpf

Für die meisten Menschen gehört Geld nicht unbedingt zu den Dingen, von denen sie unbegrenzte Mengen zur Verfügung haben. Selbst diejenigen, die in Lohn und Brot stehen, drehen oft jeden Cent zweimal um, bevor er ausgegeben wird. An Sparen oder gar spontane Ausgaben für etwas Schönes zwischendurch ist kaum zu denken, wenn man sich von Monat zu Monat hangelt.

Dabei gibt es in jeder Haushaltskasse Einsparpotenzial, und sei es noch so klein. Fangen Sie damit an, das bargeldlose Bezahlen auf ein notwendiges Minimum zu reduzieren. Ob man will oder nicht, man verliert in gewisser Weise das Gefühl für den Wert des Geldes und den Kontostand. Werfen Sie außerdem jeden Tag eine beliebige Münze in ein Sparbehältnis. Der Betrag wird zwar variieren, aber am Ende des Monats wird es für eine kleine Freude für jemand Besonderen reichen, und wenn dieser Jemand ab und zu Sie selbst sind, müssen Sie auch kein schlechtes Gewissen haben.

Seemannsgarn

Geschichten vom Meer, von Seeungeheuern, Meerjungfrauen und Phantominseln sind immer schon Geschichten über uns gewesen. Sie handeln von Ängsten und Mut, Verzweiflung, Wünschen und Hoffnungen. Heutzutage wird der Begriff des Seemannsgarns gleichgesetzt mit Übertreibung und Lüge und damit negativ konnotiert.

Historiker und Sagenforscher gehen davon aus, dass die meisten überlieferten Erzählungen über geheimnisvolle Eilande, riesenhafte Kraken und geisterhafte Erscheinungen auf Wetterphänomene, Sinnestäuschungen oder bewusste Dramatisierungen zurückgehen, um mögliche Konkurrenten von lohnenden Seerouten und Entdeckungen fernzuhalten.

Doch warum elektrisieren diese enttarnten Ammenmärchen noch heute unsere Fantasie? Ist es der Wunsch nach Außergewöhnlichem und Unerklärlichem in einer entzauberten, verwissenschaftlichten Welt? Ist es die Lust am Schaudern und Wundern? Probieren Sie es aus, verstricken Sie sich in Seemannsgarn in Büchern, Filmen, Gedanken. Nur wer noch träumen kann, ist wirklich wach.

Der Herr der Hindernisse

Die hinduistische Gottheit Ganesha erscheint in Elefantengestalt und trägt den Beinamen „Herr der Hindernisse". Er kann sie errichten oder einreißen. So ist Ganesha ein Sinnbild für unsere eigene Fähigkeit, uns zu begrenzen oder voranzubringen.

Wie oft verhindert Bequemlichkeit oder die Angst vor dem Scheitern, dass wir überhaupt etwas anfangen, sei es ein Hobby, eine Arbeit oder gar eine Beziehung. Vielleicht auch, weil wir gelernt haben, das Mantra „Du kannst alles schaffen" nur als hohle Floskel zu begreifen. Es gibt zu viele Rückschläge, und immer scheint jemand besser zu sein.

Gewiss haben nicht alle Menschen dieselben Talente und Voraussetzungen. Doch muss es stets das Ziel sein, über andere zu triumphieren, sie den eigenen Staub schmecken zu lassen? Konkurrenz kann Ansporn sein; oft genug ist sie jedoch Hemmnis. Perfektion ist eine Illusion. Einzigartigkeit ist die Realität, und Einzigartigkeit ist frei von Wertung. Tun und wagen Sie, was immer Ihnen Freude bereitet. Vergleichen Sie nicht. Haben Sie nicht schon vor dem ersten Schritt das Ziel vor Augen, den Gipfel oder die Mauern auf dem Weg. Sie sind der Herr der Hindernisse.

Gute Laune

Natürlich ist die eigene Stimmung und innere Verfassung von äußeren Einflüssen abhängig. Unfreundliche Mitmenschen, aufgetürmte Arbeitsberge, Verkehrschaos, Wetterkapriolen, Haushaltsgeräte, die aus heiterem Himmel den Geist aufgeben, und vieles mehr machen es schwer, bei guter Laune zu bleiben. Allerdings werden die Probleme dadurch meist nicht weniger. Im Gegenteil, man ist fahrig, ungeduldig, neigt dazu, seinen Mitmenschen Niederträchtigkeit zu unterstellen, und glaubt, das Pech regelrecht anzuziehen.

So schwer es auf den ersten Blick auch scheint, versuchen Sie einen Tag lang ganz bewusst und allen Widerständen zum Trotz, sich Ihre gute Laune nicht verderben zu lassen. Sie müssen kein Dauergrinsen aufsetzen oder vor Übermut Saltos schlagen. Aber denken Sie immer daran, dass Sie allein für Ihre Stimmung verantwortlich sind. Alles andere sind Stolpersteine, und solange Sie nicht ganz arg auf die Nase fallen, gibt es eigentlich keinen Grund, sich die Laune verderben zu lassen. Sie werden sehen, es kann nicht nur für Sie zur Gewohnheit werden.

SCHICKSALHAFTES

Manchmal kann man seinen eigenen Augen nicht trauen:
die Nachbarn im selben Hotel auf den Malediven oder das
seltsame Gefühl, eine Situation schon einmal erlebt zu haben.
Schicksal, Erinnerungen an ein früheres Leben? Sammeln Sie
Zufälle und Déjà-vus, die Sie in Erstaunen versetzt haben.

....

....

....

....

....

....

....

....

....

Sonnenlauf

Unendlich langsam zieht
die Sonne ihre Bahn. Und doch
bewegt sie sich, vergeht und kehrt zurück.
Wie ein Uhrwerk, das die Welt am Drehen hält.
Die Sonne ist vielleicht die größte Lehrmeisterin für
Demut und Geduld.

Folgen Sie ihrem Lauf ganz bewusst für ein paar Minuten, wie
sie hinter einem Baum von Ast zu Ast wandert und alle Schatten
dirigiert. Spüren Sie die Bewegung der Gestirne, größer als die
Nichtigkeiten, die uns das Leben schwer machen. Lassen Sie zu,
dass die Sonne allmählich, aber unaufhaltsam jene Sorgen und
Gedanken beiseiteschiebt, die es nicht wert sind, Ihren Tag zu
verdunkeln. Und ist es nicht ein spannender Gedanke, was die
Sonne beleuchtet, wenn bei uns Nacht ist? Wer schaut dann zu
ihr hinauf und lernt an ihrem Beispiel, was es heißt, die Dinge
geschehen zu lassen, die unabänderlich sind? Sich jenem
zu widmen, was in unserer Hand liegt? Werden Sie zur
Sonne Ihres eigenen Lebens. Erhellen Sie Ihren
Tag, werfen Sie die Schatten von sich und
gehen Sie jeden Tag aufs Neue auf,
unbeirrt und ohne Hektik.

Leicht werden

Tausende Atemzüge Tag für Tag … doch kaum einen davon nehmen wir bewusst wahr. Dabei brauchen wir Luft weit mehr und dringender als Essen und Trinken. Hinzu kommt, dass unser Atem nicht nur Leben und Gesundheit erhält, sondern auch Körper und Seele heilen kann. Nur müssen wir uns dafür seiner bewusst werden.

Legen Sie sich in aller Ruhe bequem auf den Rücken, schließen Sie die Augen und atmen ein paarmal tief ein und aus. Nun achten Sie darauf, wie sich Ihr Bauch hebt und senkt. Intensivieren Sie diese Bewegung behutsam, indem Sie in den Bauch atmen. Dasselbe versuchen Sie für den unteren Rücken, wenngleich die Bewegung nicht so deutlich ausfallen wird. Fällt es Ihnen zu schwer, belassen Sie es beim Bauch. Spüren Sie nun, wie Ihr Körper mit jedem Ausatmen schwerer wird: erst die Füße und Beine, dann die Mitte, der Oberkörper und die Arme und schließlich der Kopf. Immer tiefer sinken Sie in den Untergrund. Und während Ihr Körper schwer wird, verlieren auch Ihre Gedanken an Gewicht.

SEITENWECHSEL

Wir selbst sind vielleicht nicht perfekt, aber bei Weitem nicht so unfähig wie andere. Jeden Tag beklagen wir uns über Fehler und Unzulänglichkeiten unserer Mitmenschen, die unser wohlgeordnetes Leben stören. Sie sind zu laut, zu unfreundlich, zu ungeschickt und zu rücksichtslos. Keine Ahnung, wie sie überhaupt durchs Leben kommen. Vor allem die flüchtigen Begegnungen im Straßenverkehr sind oft von Ärger und Vorwürfen geprägt. Beschimpfungen und Drohgebärden folgen auf Provokation und Unvermögen.

Doch seien wir einmal ehrlich: Sind wir wirklich so fehlerfrei und umsichtig, dass wir es uns erlauben können, über andere zu urteilen? Ganz gewiss gibt es rücksichtslose Verkehrsteilnehmer, denen man wünscht, der Polizei ins Auge zu fallen. Aber die meisten Menschen versuchen nur nach bestem Wissen und Gewissen, durch den Tag und von A nach B zu kommen. Lassen Sie sich darauf ein und versetzen Sie sich einmal am Tag hinter das Steuer eines anderen Fahrers. Fragen Sie sich, ob er nicht vielleicht einen dringenden Termin hat, von dem sein Job abhängt? Vielleicht wurde er bereits von einem Dutzend anderer Autos zur Weißglut gebracht, obwohl er denselben Vorsatz hatte wie Sie? Menschen sind nicht per se schlecht, auch nicht im Straßenverkehr.

Over und out

Das Internet gilt als die bedeutendste Innovation der letzten Jahrzehnte. Es revolutionierte die Kommunikation und den Datenaustausch, beschleunigte die Globalisierung und den allgemeinen Fortschritt. Lexika und Geschichtsbücher der Zukunft (natürlich online) werden deshalb die Jahrtausendwende vermutlich als Wendepunkt der modernen Gesellschaft markieren.

Nur ist gesellschaftlicher Fortschritt nicht immer und überall gleichbedeutend mit persönlichem, alltäglichem Fortschritt. Das Gefühl, ständig erreichbar sein zu müssen, etwas zu verpassen und den Anschluss zu verlieren, reicht über das Arbeits- längst ins Privatleben hinein.

In einer Zeit, in der selbst Kaffeemaschinen online sind, ist es notwendig, ab und an selbst offline zu gehen. Klar umrissene Zeiten für Internet, Smartphone und Fernsehen lassen Sie das analoge Leben genießen und den Kopf frei bekommen. Beginnen Sie täglich mit einer halben Stunde Analogzeit und entwickeln Sie daraus eine kleine Routine.
Ziehen Sie den Stecker!

VERBORGENE ÄNGSTE

Ängste gelten als kindisch, unmännlich und schwach. Ängste gelten als Makel unsicherer, übervorsichtiger Menschen. Ängste gelten als Zeichen von Unkenntnis und Unfähigkeit in der Konfrontation mit Hindernissen und Herausforderungen. Ängste sind gesellschaftlich stigmatisiert, weshalb wir sie unter Ausflüchten und Lügen verbergen oder mit Hochmut und großen Worten überspielen.

Es ist Zeit, die Angst zu emanzipieren. Evolutionär ist sie untrennbar verbunden mit dem Willen zu überleben, mit dem Abschätzen von Gefahren, mit der Sorge um das eigene und das Wohlergehen anderer. Sie ist Ausdruck von Kreativität und Beweis für die Macht der Fantasie. Wir fürchten uns vor tiefen Wassern und der Nacht, weil wir die Finsternis mit Schrecken und Monstern bevölkern. Wir wagen uns nicht auf die spektakulärsten Fahrgeschäfte, weil wir an die eine lose Schraube denken, die es braucht, um eine Katastrophe auszulösen.

Stellen Sie sich Ihren Ängsten, lernen Sie dazu, wagen Sie Neues, aber denken Sie auch immer daran: Angst ist ein Begleiter, für den man sich nicht zu schämen braucht und den man nicht fortjagen darf, sondern nur verabschieden sollte, wenn es an der Zeit ist.

KERZENGERADE

Kaum jemand zweifelt heutzutage daran, dass Yoga, Pilates oder ähnliche Bewegungslehren positive Effekte auf Körper und Geist haben. Dennoch fehlt es oft an Gelegenheit, Zeit, Motivation oder Vertrauen in die eigenen Fähigkeiten. Wenn das bei Ihnen auch so ist, versuchen Sie es doch erst mal mit einer einzigen Übung, die Ihren Körper und Ihr Befinden regelrecht auf den Kopf stellt und neu ordnet, quasi einer Universalübung, mit der Sie den inneren Schweinehund überwinden.

Dabei handelt es sich um die **Kerze**, eine sogenannte Umkehrübung und die kleine Schwester des Kopfstands. Die Kerze ist die etwas zugänglichere Übung, bei der Sie zunächst auf dem Rücken liegen und die ausgestreckten Beine nach Möglichkeit im 90-Grad-Winkel nach oben führen. Greifen Sie nun mit den Händen unter Ihre Hüften und versuchen Sie, Ihren Körper langsam nach oben zu drücken, bis Sie quasi auf den Schultern stehen. Versuchen Sie sich zu entspannen. Wenn Sie diese intensive Übung täglich trainieren, werden Sie auch Ihr Gleichgewicht immer besser halten können.

Hart schlafen

Guten Schlaf verbinden viele Menschen mit großen Betten und weichen Matratzen. Es ist natürlich etwas Schönes, wie auf Wolken gebettet zu sein. Doch dabei merken wir oft gar nicht, wenn wir falsch oder ungünstig liegen. Verspannungen, Kopfschmerzen, Rückenbeschwerden und unruhiger Schlaf sind die Folgen.

Keine Angst, Sie sollen gar nicht auf Ihre lieb gewonnene Bettstatt verzichten, sondern sich nur einem kleinen Test unterziehen. Schlafen Sie eine Nacht auf einem harten Untergrund. Das sollte nicht gerade der kalte Fliesenboden sein, sondern eher ein Teppich, eine Isomatte oder ein Schlafsack. Das Ganze wird für Sie zunächst sehr ungewohnt und unbequem sein, aber das ist Zweck der Übung. Ihr Körper wird Ihnen zeigen, was gut und was schlecht für ihn ist. Er wird Sie zu Liegepositionen anregen, die seinen Bedürfnissen entsprechen. Diese können Sie dann auf Ihr Bett übertragen. Übrigens würde es Ihnen Ihr Wohlbefinden danken, wenn Sie auf eine etwas härtere Unterlage umsteigen oder wenigstens einmal die Woche „etwas Härte zeigen".

Meine Melodien

Musik bereichert den Alltag. Welche Lieder, die Sie mitsingen können,
welche Melodien, die Ihnen etwas bedeuten, Sie fröhlich oder traurig
machen, begleiten Sie auf Ihrem Lebensweg?

....

....

....

....

....

....

....

....

....

Im Blätterwald

Nur alte, altmodische Menschen oder solche, die hinter dem Mond leben, lesen noch Zeitung in Papierform. (Noch) nicht ganz so dramatisch sieht es bei Büchern aus, aber auch hier ist ein stetig wachsender Trend zum E-Book zu beobachten.

Zeitung und Buch scheinen heute aus der Zeit gefallen, dabei ist es ein ganzheitliches Erlebnis für alle Sinne. Vom Rascheln der Seiten bis zum Geruch des Papiers. Im Netz hingegen oder auf elektronischen Medien stellt sich zunehmend die Tendenz ein, kaum mehr als Überschriften und Schlagwörter wahrzunehmen. Aufmerksamkeitsspannen sinken, und Inhalte werden überwiegend über Bewegtbilder transportiert. Im Ansinnen, immer umfassender informiert zu sein, verlieren wir den Überblick und das Gefühl für inhaltliche Tiefe. Greifen Sie bewusst zur Zeitung oder zum Buch, nehmen Sie sich jeden Tag eine viertel Stunde oder einmal in der Woche eine ganze Stunde Zeit, um sich in ein Thema zu vertiefen. Denn wer nach allem greift, hält am Ende nichts in Händen.

ALLEINSEIN

Einsamkeit und Alleinsein sind zwei grundverschiedene Daseins- und Seelenzustände. Während Einsamkeit leidvoll ist, kann bewusst gewähltes Alleinsein – und sei es nur für ein paar Augenblicke – heilsam sein. Familie, Freunde, Kollegen, Fremde, ob zu Hause, auf der Straße, im Büro oder in der Straßenbahn – zu beinahe jeder Tag- und Nachtzeit sind wir von anderen Menschen umgeben, manche vertrauter, manche flüchtiger, manche dezenter, manche lauter. Stets befinden wir uns auf die eine oder andere Art im Umgang miteinander, ganz gleich, ob bewusst oder nicht.

Es ist nicht immer leicht, ganz bei sich zu sein, wenn man sich aufteilen muss. Nehmen Sie sich gezielt Auszeiten vom Umgebensein: ein Spaziergang auf abgelegenen Wegen, Durchatmen hinter der geschlossenen Tür. Und haben Sie keine Angst davor, unfreundlich zu wirken. Wenn nötig, erklären Sie anderen, dass Sie einen Moment für sich möchten. Dieses Bedürfnis ist jedem vertraut. Ein paar Minuten am Tag genügen schon, um neue Kraft für sich selbst und das Miteinander zu schöpfen.

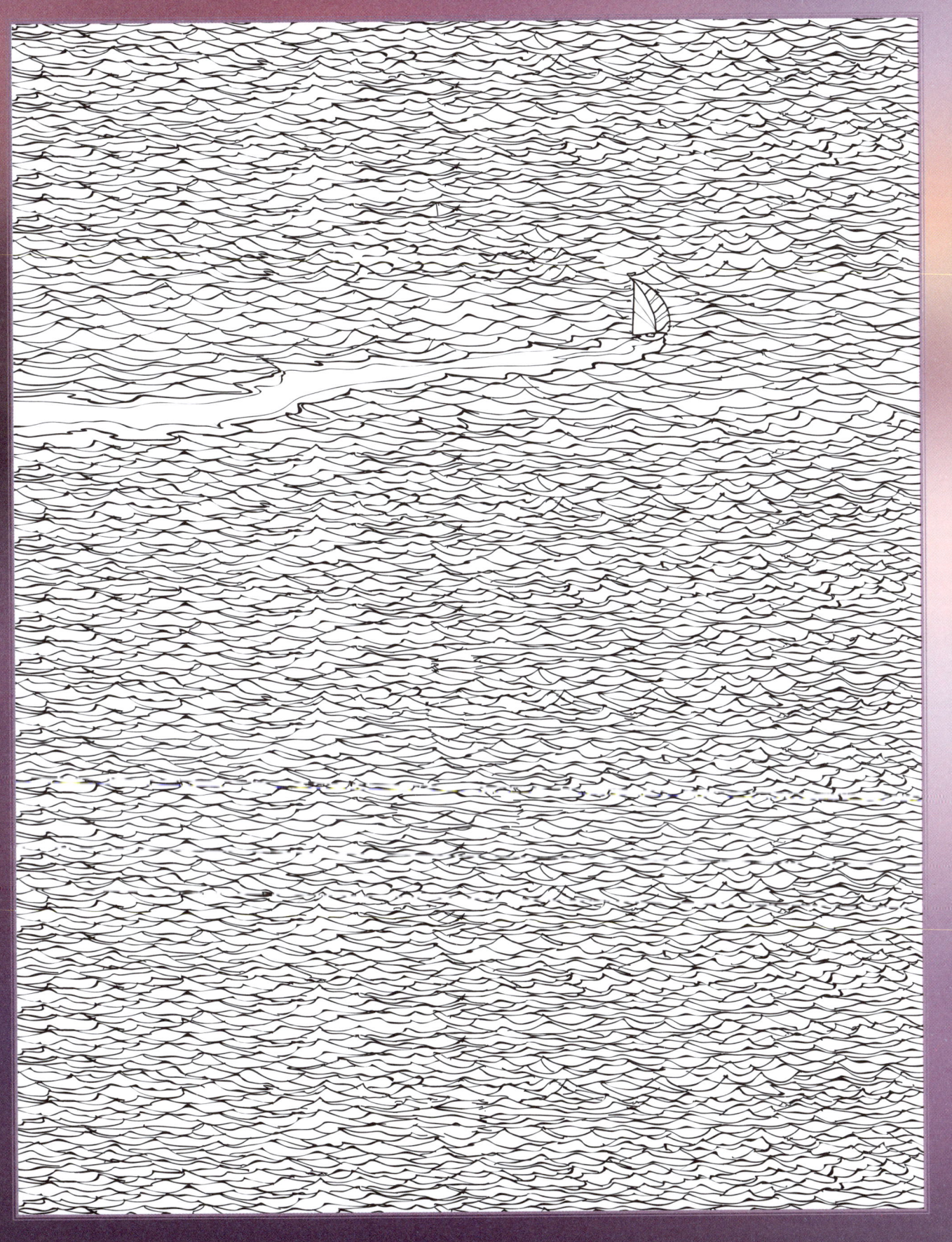

Kopfkino

Weiter und schneller als unsere Füße oder jedes erdenkliche Verkehrsmittel vermag uns die Vorstellungskraft bis ans Ende der Welt zu tragen. Mit leerem Blick in die nächste Woche zu starren, gilt als Privileg der Kinder. Dabei ist ihr Blick alles andere als leer, sondern angefüllt mit Bildern und Abenteuern. Ein Hoch auf die Tagträumerei!

Nutzen Sie ruhige Augenblicke, die Morgenstunden, die Mittagspause oder den Nachmittagstee; schauen Sie aus dem Fenster bis zum Horizont oder so weit Ihr Blick reicht. Schließen Sie Ihre Lider nicht, sondern schauen Sie darüber hinaus, wie über den Rand einer Badewanne. Lösen Sie sich vom Hier und Jetzt, folgen Sie Ihren Augen und wagen Sie den Sprung.

Wenn Sie Mühe haben, sich fortzuträumen, genügt zur Inspiration meist ein gutes Buch, ein reizvoller Film oder der Ausflug von letzter Woche. Bereisen Sie bekannte oder unbekannte, vielleicht sogar märchenhafte Orte und Landschaften, wandern Sie ziellos umher oder erleben Sie ganze Geschichten. Jede Minute fern von hier ist Urlaub für die Seele.

Lächeln
ist Licht

Sie erleuchten Ihr Leben wie kaum etwas auf der Welt:
Menschen, die Ihnen ein Lächeln schenken. Ganz gleich
ob Familie, Freunde, Kollegen oder Fremde: Wer ist Ihnen
ein Licht?

_____

_____

_____

_____

_____

_____

_____

_____

WIND UND WETTER

Es gibt kein schlechtes Wetter, nur unpassende Kleidung. Diese Floskel ist weitaus weiser und im wahrsten Sinn des Wortes wegweisender, als man gemeinhin glauben mag.

Spaziergänge bei schönem Sommerwetter sind etwas Wunderbares, Spaziergänge bei Regenwetter weit weniger verlockend. Doch frische Luft und Bewegung wecken bei allen Wetterbedingungen die Lebensgeister und regen den Kreislauf an. Selbst im Winter genügt eine halbe Stunde Tageslicht, um die täglich notwendige Menge an Vitamin D zu produzieren. Stärken Sie Ihr Immunsystem, geben Sie Ihrem Körper etwas zu tun. Schlüpfen Sie in passende Kleidung und rüsten Sie sich gegen Wind und Wetter. Spüren Sie Natur und Körper, werden Sie nicht bequem, nicht träge. Trotzen Sie der Witterung und lachen Sie dem Sturm ins Gesicht. Dann lacht jedes Wetter auch zurück.

STUMM WIE EIN FISCH

Sprache ist Identität, Sprache ist Gemeinschaft, Sprache ist Zivilisation, Sprache ist allgegenwärtig. Aber nicht immer dient Sprache der Kommunikation. Oft reden wir um des Redens willen, um als unangenehm empfundene Stille zu füllen oder um zu kaschieren, dass wir eigentlich nichts zu sagen haben. Hinzu kommt, dass jemand, der redet, nicht zuhören muss.

Daher kann es ungemein erfrischend und inspirierend sein, bewusst zu schweigen. Nehmen Sie sich eine Stunde oder sogar einen ganzen Tag lang vor, nicht zu sprechen. Dafür eignet sich natürlich ein freier Tag besser als ein Arbeitstag. Gegebenenfalls sollten Sie Ihre Mitmenschen über Ihr Vorhaben in Kenntnis setzen, um Irritationen zu vermeiden. Als Insel des Schweigens werden Sie merken, dass sich das Meer aus Worten um Sie herum beruhigen wird. Öffnen Sie Ihre Wahrnehmung für die vielen anderen Eindrücke jenseits der Sprache. Nicht nur Geräusche werden klarer und Worte deutlicher, Blicke und Gesten beginnen Geschichten zu erzählen.

Über den Wolken

... muss die Freiheit
wohl grenzenlos sein. Die Erde
verhangen, nichts verstellt den Blick auf die
Gestirne. Werden Sie zum Vogel, zum Wind oder
zum Gedanken. Seien Sie ganz für sich.

Nutzen Sie einen ruhigen oder aber einen besonders unruhi-
gen Moment, um die Augen zu schließen. Spüren Sie, wie eine
Böe Sie erfasst und zum Fenster hinaus in die Lüfte trägt. Sie
finden das Gleichgewicht, das Gesicht in den Himmel gestreckt,
die Arme ausgebreitet. Der Straßenlärm, das Stimmengewirr wird
leiser. Der Wind zerrt an Ihren flatternden Kleidern, schmiegt sich
wie ein warmes Luftpolster unter Ihren kribbelnden Körper. Erste
Schleierwolken umwehen Sie wie Nebeldunst, der zunehmend
dichter wird. Plötzlich reißt die Wolkendecke auf. Die warmen
Strahlen der ungetrübten Sonne umströmen Sie wie goldener
Honig. Mit dem Wind verstummt auch das letzte Geräusch.
Sie schweben unbewegt und unberührt in der Stille.
Wenn Sie Ihre Augen wieder öffnen, fühlen Sie das
Lächeln der Sonne in Ihrem Gesicht und ei-
nen Fingerbreit Luft unter Ihren Füßen.

Mit links

... oder mit rechts – jeder hat eine „schwache" Seite. Vollkommene Beidhändigkeit ist eine seltene Gabe. Auch Menschen, die eigentlich Linkshänder sind, aber in der Kindheit noch dazu angehalten wurden, mit der „rechten" Hand zu schreiben, sind selten mit beiden Händen gleich geschickt.

Warum also sollten Sie plötzlich mit der ungewohnten Hand sich die Zähne putzen, die Tasse zum Mund führen, den Einkaufszettel schreiben, Messer oder Gabel halten und die Tür aufschließen? Ganz einfach: Solche Handgriffe sind derart automatisiert, dass Sie nicht darüber nachdenken müssen. Motorische Automatismen werden überwiegend im Kleinhirn gespeichert und abgerufen. Sie haben etwas Reflexhaftes, sind also das Gegenteil von Achtsamkeit.

Wenn Sie also nun die andere Hand verwenden, wird Ihr Gehirn stimuliert, werden Verknüpfungen neu geschlossen und Reize übermittelt. Achten Sie einen Tag lang auf Handlungen, die sich verselbstständigt haben und automatisch ablaufen, und machen Sie sich Notizen. Versuchen Sie am nächsten Tag, dafür die „falsche" Hand zu verwenden, um ein neues Gefühl für Ihren Alltag zu finden.

DER GENUSS DES VERZICHTS

Die 40-tägige Fastenzeit vor Ostern ist traditionell eine Zeit der Reinigung und der Erneuerung durch Verzicht. Allerdings müssen Sie weder religiös sein noch sich eben jener Jahreszeit verbunden fühlen, um in den Genuss des Verzichts zu kommen.

Gerade in westlichen Industrienationen ist Wohlstand oft gleichbedeutend mit Überfluss und Übersättigung. Zu viel Zucker, Fleisch oder Alkohol sind besonders typisch für den ausufernden Konsum – mit all den Nebenwirkungen von Übergewicht über Gelenkerkrankungen bis hin zu Suchterscheinungen. Doch die Tatsache, stets prall gefüllte Supermarktregale gewohnt zu sein, hat noch eine weitere Kehrseite: Das Einzelne, Seltene und Besondere sowie die (Vor-)Freude darauf und daran ist aus unserem Leben verschwunden.

Keine Angst, Sie müssen nicht gleich fasten. Überhaupt, Sie müssen nicht unbedingt ein Lebensmittel weglassen. Verzichten Sie einen Tag, eine Woche, einen Monat auf etwas Bestimmtes – eine Süßigkeit, eine Bequemlichkeit, ein Schimpfwort. Es wird Ihnen guttun, Sie reinigen und achtsamer machen.

Die Natur findet einen Weg

Haben Sie Lust auf ein spannendes Gedanken-
experiment? Wenn ja, dann los! Wie ginge es auf
der Welt wohl zu, wenn von einem Moment auf den
anderen die Menschheit verschwinden würde und
Sie der oder die einzige Verbliebene wären? Stellen
Sie sich Ihr augenblickliches Umfeld vollkommen
menschenleer vor. Sie streifen durch Räume, Gänge,
Straßen, vorbei an verlassenen Autos, Häusern und
Geschäften. Sie können alles tun, was Ihnen gefällt,
ohne jede Konsequenz. Niemandem müssen Sie
Rechenschaft ablegen außer sich selbst. Würden Sie
nach der Ursache für das Verschwinden suchen?

Nun springen wir einige Jahre in die Zukunft. Sie
sind noch immer allein, und die Natur hat begonnen,
die Zivilisation zurückzuerobern. Moose, Sträucher
und Bäume begrünen die Stadt, überwuchern Häuser und sprengen Asphalt. Wilde Tiere wagen sich
weiter vor denn je. Werden Sie sich um ein friedli-
ches Auskommen bemühen? Lassen Sie Fragen wie
diese mit in die Wirklichkeit zurückkehren. Genießen
Sie die Gegenwart anderer Menschen, und wann
immer es Ihnen zu viel wird, kehren Sie in Ihre
Gedanken zurück und bereisen Sie jene Welt, in
der Sie König oder Königin sind.

Der Klang der Stille

Verkehrslärm und Stimmengewirr
bestimmen die Klangkulisse der Stadt.
Viele Menschen streben deswegen nach Ruhe,
um zu sich zu kommen und abzuschalten. Doch
selbst wenn Sie zunächst nichts zu hören glauben, ist die
Welt um Sie herum nicht stumm. Statt sich beim Versuch,
zu entspannen, an tropfenden Wasserhähnen, fernem Kinder-
geschrei oder Kirchenglocken zu stören, ist es eine weit span-
nendere Reise, jenen Lauten zu lauschen, die sonst untergehen,
beispielsweise das Ticken einer Uhr oder das Brummen des Kühl-
schranks, das Rascheln der Bäume oder das Säuseln des Windes,
das Rauschen der Wasserleitungen in der Wand oder das Knar-
zen des Fußbodens unter Ihren Füßen. Schließen Sie die Augen
und schärfen Sie Ihr Gehör. Konzentrieren Sie sich auf eine
akustische Ahnung und folgen Sie dieser Spur. Sogar wenn
Sie Ohrstöpsel tragen, hören Sie, wie Ihr Blut rauscht
und Ihr Puls schlägt. Sie selbst sind Teil des Sounds
der Welt. Hören Sie zu, stimmen Sie ein,
klingen Sie mit.

ZEHN SEKUNDEN DUNKELHEIT

—•—•—•—•—•—•—•—•

Unsere Augen werden bei Tag und oft sogar noch nachts ständig beansprucht. Insbesondere Bildschirme und Displays setzen ihnen zu. Geplatzte Äderchen, entzündete Lider, trockene oder tränende Augen sind häufige Symptome der Überstrapazierung. Hinzu kommt, dass die Sehkraft selbst bei moderater Beanspruchung im Laufe des Tages nachlässt, was vor allem am Zerfall der Zapfen – den Fotorezeptoren auf der Netzhaut – liegt.

Es wäre also ein Segen, wenn es eine schnelle, einfache Methode gäbe, die Augen zu regenerieren. Und tatsächlich: Es genügen schon zehn Sekunden Dunkelheit, um unsere Augen wieder fit zu machen. Das Problem dabei sind jedoch unsere Lider, die in einem gewissen Maße lichtdurchlässig sind. Es genügt also nicht, einfach die Augen zu schließen. Da auch die meisten Räume sich nicht vollständig abdunkeln lassen, pressen Sie Ihre Handinnenflächen wie Saugnäpfe auf die Augenhöhlen und atmen Sie zehnmal aus und ein. Und siehe da: Ihre Augen sind erholt und bereit, einen frischen Blick auf den Tag zu werfen.

Traumfänger

In vielen indianischen Kulturen gelten Traumfänger gewissermaßen als Spinnennetze, in denen sich Albträume verfangen sollen, um uns nicht in den Schlaf zu folgen. Doch auch unangenehme Träume können es wert sein, betrachtet zu werden. Sie zeigen und lehren uns, was uns Tag für Tag zusetzt.

Traumdeutung ist per se eine Methode, die auf wackligen Beinen steht. Manche Psychologen, Schlafforscher und Traumexperten halten Träume für vollkommen abgekoppelt von unseren Erfahrungen und Erlebnissen; andere betrachten Traumbilder als exakte Abbildungen unserer Seelenzustände. Die Wahrheit liegt womöglich irgendwo dazwischen. Nun ist es aber gar nicht notwendig, jedes nächtliche Bild, jedes Gefühl genau zu analysieren, weder die guten noch die schlechten. Beides veranlasst uns jedoch, darüber nachzudenken. Und ganz gleich, ob oder was sie bedeuten, allein der Prozess der Auseinandersetzung ist so viel wert.

Versuchen Sie nach dem Aufwachen, nicht gleich in den Tagesmodus zu schalten. Lassen Sie sich noch einmal fallen und versuchen Sie, sich an Ihre Träume zu erinnern. Wenn möglich, machen Sie sich ein paar Notizen oder sprechen Sie mit jemandem darüber. So erschaffen Sie mit der Zeit Ihre eigene Traumlandkarte, die Ihnen vielleicht einen bislang verborgenen Weg aufzeigt.

DIE NEUE WELT

Sind Sie bereit für eine historische Was-wäre-wenn-Frage? Wie hätten sich wohl Nord-, Mittel- und Süd-amerika entwickelt, wenn die Europäer zu Beginn der Neuzeit keinen Fuß auf diesen Kontinent gesetzt hätten? Wenn der Atlantik Kolumbus' Flotte ver-schluckt hätte? Wo stünden die Maya, Azteken oder Inka heute? Welche Geheimnisse wären nicht in Vergessenheit geraten? Welche Schätze wären nicht verloren gegangen? Es wäre eine Welt ohne Cow-boys, ohne Wilden Westen, dafür mit einer ungebro-chenen Historie der amerikanischen Ureinwohner. Wäre Europa ohne die USA dort, wo es heute steht?

Zugegeben, Gedankenspiele wie diese erscheinen zwar spannend, aber fruchtlos. Was soll mir das bringen, wenn ich nicht gerade Schriftsteller oder Filmproduzent bin? Geschichte lässt sich nicht mehr ändern, egal wie weit wir zurückgehen. Aber gilt das auch für unsere eigene Geschichte? Wir können zwar nicht an einer Entscheidung oder einem Ereig-nis rütteln, wenn wir gedanklich an einen Wende-punkt unseres Lebens zurückkehren. Aber wir lernen aus Fehlern und durch Erfolge. Solange wir zurück-blicken können, schreiben wir unsere Geschichte Tag für Tag fort und verändern sie zum Guten.

Fremde Geschichten

Je nachdem, wo Sie leben und arbeiten, begegnen Ihnen täglich Dutzende, Hunderte oder gar Tausende Menschen, meist Passanten, am Rande Ihrer Wahrnehmung. Aber sie sind da. Oft sind wir zu sehr mit unserem eigenen Dasein oder dem Schicksal nahestehender Menschen befasst, als dass wir uns auch noch Gedanken um Fremde machen wollen.

Auf der anderen Seite fesselt uns das Leben von Prominenten, denen wir im Gegensatz zu vielen anderen Menschen noch nicht einmal persönlich begegnet sind. Neugier ist eine urmenschliche Eigenschaft. Geben Sie dieser nach, nutzen Sie Ihre Fantasie und suchen Sie sich einmal am Tag eine Person oder eine Situation aus, zu der Sie sich eine kleine Geschichte ausdenken. Das kann die streng aussehende Polizistin sein, die einen Straßenmusiker bittet weiterzuziehen, ihm aber vielleicht einen Auftritt in der Bar eines Bekannten verschafft. Oder der korpulente Büroangestellte, der sich insgeheim auf den Tanzkurs mit seiner zierlichen Tochter freut.

Füllen Sie Ihre Welt mit solchen Fantasiegeschichten. Versuchen Sie, positiv zu bleiben, und spinnen Sie einfach ein wenig herum.

LEBENSRÄUME

Kaum jemand wohnt sein Leben lang dort, wo er geboren wurde.
Die Karte unseres Werdegangs ist mal größer, mal bunter. Nehmen
Sie eine Landkarte zur Hand und bereisen Sie noch einmal die Städte
und Straßen Ihres bisherigen Lebens. Notieren Sie Ihre Stationen,
gerne ergänzt um Ihre bereisten Urlaubsziele.

....

....

....

....

....

....

....

....

Japanische Kirschblüte

In Japan gilt die Kirschblüte im Frühjahr als Symbol und Zeichen des Neuanfangs, der die Natur und jeden Einzelnen einschließt. Auch in der westlichen Kultur kennen wir das Konzept und den Mythos des alljährlichen Neuanfangs zum Jahreswechsel – meist verpackt in hehren Absichten und guten Vorsätzen, die nach einiger Zeit des motivierten Bemühens oft im Sande verlaufen. Das Problem hierbei ist gar nicht fehlendes Durchhaltevermögen, sondern die Fixierung auf das besondere Datum mit dem Druck, nur einmal im Jahr die Chance zu haben, etwas grundlegend zu ändern. Und wenn dann noch mehrere Ziele angesteuert werden, ist das Nichtankommen vorprogrammiert.

Stattdessen ist es ratsam, häufiger kleine Schritte zu machen als einmal einen großen. Betrachten Sie jeden Morgen als Ihren Jahreswechsel und jeden Tag als Ihr Jahr. Versuchen Sie, für dieses „Jahr" einen guten Vorsatz einzuhalten. Am nächsten „Jahreswechsel" bemühen Sie sich um etwas anderes. Das wird Ihnen vermutlich nicht jedes Mal gelingen, aber die Chancen sind häufiger und größer. Freuen Sie sich über Erfolgserlebnisse, statt sich über Rückschläge zu ärgern. Nicht jede Kirschblüte trägt im Sommer Früchte, aber selbst wenn es nur eine einzelne sein sollte, war die ganze Pracht des Frühlings nicht vergebens.

LEBEN GEHT DURCH DEN MAGEN

Manchmal ist es so einfach, glücklich zu sein. Ein gutes Frühstück, ein warmes Mittagessen, ein leckeres Stück Kuchen. Welche Lieblingsgerichte lassen Ihnen das Wasser im Mund zusammenlaufen? (Und hören Sie auf, im Kopf Kalorien zu zählen.)

....

....

....

....

....

....

....

....

....

Sich gesund essen

Nichts kommt Ihnen näher als das, was Sie essen und trinken. Ob üppig oder spartanisch, deftig oder pflanzlich – achtsame Ernährung kann viele Gesichter haben, gesund und genussvoll sollte sie jedoch auf jeden Fall sein.

Versuchen Sie, täglich mindestens anderthalb Liter stilles oder kohlensäurearmes Wasser zu trinken (Tipp: Leitungswasser ist das am meisten kontrollierte Lebensmittel in Deutschland). Alternativ greifen Sie zu verdünnten, zuckerfreien Säften oder Früchte- und Kräutertees. Seien Sie sparsam mit Kuhmilch, Kaffee und Alkohol.

Tägliche Obst- und Gemüseportionen, ob roh oder gegart, sind Pflicht. Bei Kohlenhydraten sollten es ballaststoffreiche Vollkornerzeugnisse sein. Pflanzliche Fette sind tierischen in Sachen Gesundheit weit überlegen, und wertvolle Proteine stecken in Hülsenfrüchten und Nüssen. Wenn es Fleisch sein muss, dann mageres Geflügel, das Sie am besten beim Fleischer und nicht aus der Kühltheke kaufen. Vor allem sollten Sie regional und saisonal kochen und essen, denn die Erde ist nicht nur dazu da, uns zu ernähren. Achtsamkeit beginnt bei uns, darf dort jedoch nicht enden.

RÄTSELHAFTE WÄCHTER

Die ägyptischen Sphinxe sind Sinnbilder für die Rätsel, die das Leben uns stellt. Wer an ihnen vorbei möchte, muss eine Aufgabe erfüllen oder eine Frage beantworten, um nicht gefressen zu werden.

Ganz so martialisch muss es nicht zugehen, aber der Reiz des Rätselns und Ratens ist auch heute noch ungebrochen. Kaum ein Moment ist erfüllender und befreiender als die Lösung einer besonders tückischen Aufgabe. Anders als bei einer Sphinx liegen dieser Tage jedoch auch Wert und Faszination im Scheitern. Nicht umsonst erfreuen sich Kreuzworträtsel, Quizshows und die Suche nach dem Mörder im allabendlichen Krimi nach wie vor großer Beliebtheit. Und der Sudoku-Trend ist auch noch nicht vorüber.

Nehmen Sie sich einen Tee oder eine Tasse Kaffee und machen Sie sich jeden Tag ein paar Minuten über eines der unzähligen Rätselhefte her. Ihre Auffassungsgabe, Ihr Scharfsinn, Ihr Allgemeinwissen und Ihre Geduld werden es Ihnen danken. Ein Tipp: Trennen Sie die Lösungsseite heraus und verwahren Sie diese ungemütlich weit weg auf.

Siebter Sinn

Mit ihrem Echolot verfügen Fledermäuse über einen Sinn, der uns Menschen fremd ist. Andere Tiere vermögen Farbbereiche zu sehen und Töne zu hören, die uns verborgen bleiben. Viele Fische und Vögel orientieren sich an Wasser- und Luftströmungen oder finden mithilfe des Erdmagnetfelds den richtigen Weg zu ihrem weit entfernten Ziel. Mit welchen Sinnen Insekten oder gar Pflanzen ausgestattet sind, erscheint uns noch wundersamer.

Die menschlichen Sinne sind so gesehen durchaus begrenzt und zeigen uns nur einen kleinen Teil der Welt. Trotzdem sind vor allem Augen und Ohren oft heillos überlastet und überreizt, wodurch unsere Wahrnehmung noch weiter eingeschränkt wird.

Wagen Sie das Experiment und bewegen Sie sich mit geschlossenen Augen durch Ihre Wohnung oder lassen Sie sich von einer Vertrauensperson beim Spaziergang blind an die Hand nehmen. Sie werden sehen, dass die erste Anspannung bald weicht und die anderen Sinne hervortreten. Ohrstöpsel oder -schützer können eine vergleichbare Erfahrung für das Gehör verschaffen. Je öfter Sie auf einen Ihrer Sinne verzichten, desto mehr schärfen Sie Ihren siebten Sinn, der blind ist für gestern und morgen, ganz und gar ein Gefühl für den Augenblick.

GEPFLEGTE LANGEWEILE

Stress ist zu einem Volksleiden geworden. Methoden und Strategien gegen Überlastung reichen von Sport über Luftwechsel bis hin zu meditativen Techniken. Alle diese Ansätze sind im Kern richtig und je nach Person und Motivation auch durchaus wirksam. Aber sie haben eine Schwäche: Man muss etwas dafür tun.

Hinzu kommt, dass bewusste Entspannungsmethoden nicht immer von einem Moment auf den anderen umsetzbar sind. Man muss sich gezielt hineinbegeben oder eben genügend Willenskraft aufwenden. Was halten Sie stattdessen von der seit Entdeckung der Freizeit und schon aus Kindertagen bekannten Stresstherapie der Langeweile? Also einfach rumhängen, in die Luft starren, etwas fernsehen, ein bisschen lesen, eine Kleinigkeit essen, dazwischen ein Nickerchen machen, aber bloß nichts mit Ambition, keine Hausarbeit, kein Sport, keine Termine, kein Telefon, kein schlechtes Gewissen, dafür Schlabberhose oder Schlafanzug.

Nichtstun bedeutet nicht, dass man nichts (für sich) tut. Es kann zutiefst befreiend sein, sich vom Gedanken zu lösen, jeden Moment mit Aufgaben anfüllen zu müssen. Sie haben es sich verdient, faul zu sein.

Den eigenen Körper spüren

Sport ist gesund, und zwar für Körper, Geist und Seele. Das wissen Sie selbst. Wenigstens moderate Bewegung sollte Teil Ihres Alltags sein. Sie müssen nicht gleich einen Marathon laufen, aber suchen Sie Mittel und Wege, um sich in Gang zu halten.

Lassen Sie häufiger mal das Auto stehen und schwingen Sie sich aufs Fahrrad oder vertrauen Sie Ihren Füßen. Haben Sie dabei aber nicht nur Ihre Fitness im Auge. Versuchen Sie stattdessen, auf Ihren Körper zu achten, lauschen Sie in ihn hinein. Spüren Sie die Arbeit der Muskeln, das Spannen der Sehnen und das Strömen Ihres Atems. Trotz aller Zipperlein und Unzulänglichkeiten ist Ihr Körper ein brillant konstruierter Apparat, einzigartig und unwahrscheinlich komplex. Beim Radfahren treiben Ihre Beine Sie wie zwei Kolben an, beim Laufen sollte Ihnen bewusst sein, dass der uns selbstverständlich erscheinende Bewegungsablauf evolutionär beispiellos ist. Seien Sie stolz auf Ihren Körper. Er verankert Sie in der materiellen Welt.

NICHT VERLOREN GEHEN

Bevölkerungsexplosion, Globalisierung, Verstädterung, Beschleunigung, Automatisierung – es ist schwer, sich nicht als winziges, vielleicht sogar verzichtbares Rädchen im großen Ganzen zu empfinden. Dabei sind Sie unverzichtbar ... für Sie selbst. Wenn Sie daran zweifeln, zweifelt auch die Welt an Ihnen.

Versuchen Sie, sich wieder als Individuum zu fühlen, zu spüren. Treten Sie zur Seite und betrachten Sie den Alltag um sich herum. Schnappen Sie sich etwas Proviant, einen Rucksack und werden Sie für einen Tag Tourist in Ihrem alltäglichen Umfeld. Entziehen Sie sich dem Lärm und der Hektik. Seien Sie Ihr kleines Ganzes.

Sie werden sich womöglich fragen: „Aber die Welt dreht sich auch ohne mich, welche Bedeutung habe ich dann?" Die Antwort ist einfach: Die Welt braucht keinen einzigen Menschen, um die Welt zu sein. Aber sie wird schon dann zu einem besseren Ort, wenn ein einzelner Mensch sie bereichert. Seien Sie diese Bereicherung.

DER REIZ DER LANGSAMKEIT

Stress, Tempo, Termine, Fahr- und Stundenpläne – Arbeits- und Privatleben sind heute durchgetaktet und auf Kante genäht. Die Formel „Acht Stunden Schlaf, acht Stunden Arbeit, acht Stunden Freizeit" ist kaum noch anwendbar. Alles fühlt sich nach Pflicht an, die 24 Stunden des Tages scheinen früher mehr wert gewesen zu sein.

Wir hetzen durch den Alltag wie ein Hund, der seinem eigenen Schwanz nachjagt. Je mehr wir uns beeilen, desto später kommen wir bei uns selbst an. Dabei kommt es meist auf fünf Minuten gar nicht an. Wir machen uns zum Sklaven der Uhr. Nehmen Sie sich die Freiheit und gönnen Sie sich ein kleines bisschen Unpünktlichkeit. Die Welt wird nicht untergehen. Verbannen Sie zunächst einmal außerhalb der Arbeitszeit alle Uhren aus Ihrem Blickfeld. Sie werden feststellen, dass Ihnen nichts fehlt, ganz im Gegenteil, Sie bekommen etwas dazu: Gelassenheit.

Das Meer von morgen

Über Jahrtausende waren Flüsse und Meere ebenso unüberwindliche Grenzen und Hindernisse wie Gebirge oder Schluchten. Allein die Vorstellungskraft der Menschen wagte sich hinaus und bevölkerte das Reich hinter dem Horizont mit Wundern und Schrecken.

Es dauerte lange, bis sich Menschen erfindungsreich und mutig in die Ferne und Fremde jenseits der bekannten Welt aufmachten, seien es die Ägypter, die Griechen, die Wikinger oder am Ende des Mittelalters schließlich die europäischen Seefahrernationen.

Heute sind alle Küsten bekannt, jeder Quadratmeter Wasser kartografiert und vermessen. Doch seit Mitte des letzten Jahrhunderts beginnen wir, ein neues, weit größeres Meer zu erforschen und zu befahren, von dem wir noch wenig wissen: das Weltall. Und wieder lockt es abenteuerlustige und wissbegierige Menschen zu unbekannten Ufern und lehrt uns, dass wir selbst darüber entscheiden, ob wir Mauern oder Brücken, Grenzen oder Wege vor uns haben – im Großen wie im Kleinen, fern oder ganz nah, außerhalb oder in uns.

Oft erscheinen uns Sorgen und Schwierigkeiten wie ein unüberwindliches, uferloses Meer. Doch denken Sie daran, dass dieses Meer nicht vor Ihnen liegt, sondern in Ihnen ist. Sie haben es bereits überwunden, denn Sie sind zu allen Seiten das Ufer. Sie müssen nur noch in See stechen.

Ritterlichkeit

In der Stadt, im Park, auf dem Feldweg – eine flüchtige Begegnung, ein kurzes Nicken, ein knapper Gruß. Doch der Gegrüßte erwidert nichts; Sie erhalten kein Wort und keinen freundlichen Blick zurück. Womöglich schaut Sie der Gegrüßte sogar verständnislos an, und Sie bedauern es, überhaupt gegrüßt zu haben, und lassen es beim nächsten Mal lieber ganz bleiben, um sich einen peinlichen Moment zu ersparen.

So oder ähnlich ergeht es vielen Menschen, vor allem in der Anonymität der Großstadt. Menschenmassen strömen aneinander vorüber, ohne einander zu bemerken. Höflichkeit ist in unserer schnelllebigen Zeit eine scheinbar vergessene Tugend. Dabei kann es so beglückend sein, ein Lächeln zu teilen, ein freundliches Wort auszutauschen, die Tür aufzuhalten oder Gesundheit zu wünschen. Es sind Kleinigkeiten, keine großen Taten voller Moral und Selbstlosigkeit. Ein flüchtiges Nicken zwischen Fremden rettet noch nicht die Welt, aber eines Tages vielleicht nickt die Welt zurück.

Klarträume

Ganz gleich, ob Sie ein reger Träumer sind oder den Eindruck haben, nur sporadisch zu träumen – wenn wir uns nach dem Aufwachen an Träume erinnern, so sind es stets bemerkenswerte Erfahrungen. Träume sind manchmal zusammenhängende Geschichten oder nur lose Zettelsammlungen. Mal sind sie angenehm oder anregend, mal ängstigend oder verwirrend. So oder so haben wir das Gefühl, nicht Herr über sie zu sein. Sie geschehen einfach, und wir finden in ihnen statt, entweder als Darsteller oder als Beobachter.

Wäre es nicht faszinierend, zum Erzähler unserer Träume zu werden? Stünden uns nicht alle Tore in unzähligen Welten, ja ganze Leben offen? Hin und wieder kommt es vor, dass wir die Kontrolle über unsere Träume erlangen. Manche Menschen machen diese Erfahrung nie, andere weit häufiger.

Dieses *luzide* Träumen oder Klarträumen ist erlernbar. Probieren Sie es aus, indem Sie sich tagsüber regelmäßig fragen, ob Sie wachen oder träumen. Verinnerlichen Sie die Absicht, bewusst träumen zu wollen. Je weiter sich die Ereignisse in einem Traum von der Realität entfernen, desto größer ist die Chance, den Traum als solchen zu erkennen. Seien Sie nicht enttäuscht, wenn es nicht auf Anhieb klappt. Auch Träumen will gelernt sein.

TRAUMSCHRÄNKCHEN

Träume sind Schäume und fliehen spätestens im Licht
der Morgensonne dorthin, wo wir sie nicht wiederfinden.
Manchmal jedoch bleiben sie bei uns, prägen sich so tief in
unsere Erinnerung ein, dass wir sie nicht fortlassen wollen
oder können. Was lässt Sie nicht los?

_____

_____

_____

_____

_____

_____

_____

INHALTSVERZEICHNIS

TEXT- UND BILDNACHWEISE

Texte: Rafael Collowino

Ausmalbilder:

Elisabeth Galas (S. 7, 12, 27, 36)

Christoph Heuer (S. 11, 17, 20, 23, 30, 35, 41, 42, 47, 53, 54, 59, 60, 65, 69, 70, 75, 79, 80, 85, 87, 88, 91)

Illustrationen und Hintergründe:

Fotolia.com:
© Carl, © Jürgen Fälchle, © locotearts, © Naturestock, © pomah

Designed by Freepik.com:
© 0melapics, © Elsystudio, © ibrandify, © Kjpargeter, © Nadezhda_grapes, © Starline, © Terdpongvector